First published in France under the title : **Métamorphoses**
© Editions du Seuil, 2015
Korean Translation © Booknbean Publishing, 2019
Arranged through Icarias Agency, Seoul.

이 책의 한국어판 저작권은 Icarias Agency를 통해 Editions du Seuil 독점 계약한 책과콩나무에 있습니다.
저작권법에 의하여 한국 내에서 보호를 받는 저작물이므로 무단전재와 복제를 금합니다.

우리는 두 번 태어나요

11가지 동식물의 경이로운 변신 도감

프레데릭 클레망 글·그림 | **박선주** 옮김

책과콩나무

차례

모기	8
개구리	10
버섯	14
나비	16
배	20
사슴벌레	22
튤립	26
뒤영벌	28
방울새	30
단풍나무	32
잉어	34

여러분, 안녕하세요!
제 이름은 '피셀로'예요. 아주 조그만 완두콩이지요.
사람들의 상상력 한 줌과 이슬을 먹고 살아요.

저는 태어나면서 지금까지 아주 놀라운 과정을 거쳤는데
사람들은 그걸 '변태*'라고 불러요.

이제부터 저를 따라오세요!
태어나고 어른이 될 때까지 모습을 바꾸는
생물들의 놀랍고 신비로운 세계로 안내할게요.
한마디로 저는 **변태**라는 경이로운 광경의 안내자예요.

★ **변태** 볼래이 모양이나 형태기 변히여 달라지는 현상, 또는 그런 상태. '탈바꿈'이라고도 한다.

모기

**안타깝게도 사람들에게는 사랑받지 못하지만
제비나 거미, 개구리 들이 아주 좋아하는 어떤 생물의 변화 과정을 살펴봐요.**

마술처럼 눈에 띄지 않고 윙윙 소리를 내며
날아다니는 모기를 소개할게요.
암컷 모기는 늪지대의 고인 물, 길가의 웅덩이,
정원의 저수통 같은 물가에 **알**을 낳아요.
볍씨 모양의 하얀 알 300여 개가
서로 꼭 붙은 채 물 위에 떠 있어요.
알이 태어난 지 2~3주가 지나도
눈이 어디에 있는지 보이지 않아요.
모기의 눈은 아주 작거든요.
그러다 갑자기 알들이 스르르 흔들리면서
이리저리 움직여요. 이때 잘 보면 물속으로
이상하게 생긴 반투명한 생물이 빠져나가요.

그게 바로 **애벌레**예요.
모기 애벌레의 머리에는 이제 까만 눈이 보여요.
아래턱도 생겨서 근처에 떠다니는
플랑크톤을 먹어 치우지요.
며칠이 지나면 배 끝에 달린 관으로 공기를
마시기 위해 몸의 아래쪽을 수면으로 내밀어요.
나머지 절반은 물속에 잠긴 채 몸을 마구
흔들어 대요. 꼭 춤을 추는 것처럼요.

이렇게 모기 애벌레는 머리를 아래로
향한 상태로 네 번 허물을 벗어요.

그다음엔 **번데기**가 돼요.
포동포동하고 반투명한 번데기는 물속이나
물 밖 생물들에게 먹히기 딱 좋게 생겼어요.
정작 자신은 아무것도 먹지 않지만요.
기다리면서 작은 나팔처럼 생긴 두 개의
호흡 기관으로 공기를 빨아들이기만 해요.
이런 상태로 하루나 이틀, 사흘이 지나는 동안
번데기 속에서는 엄청난 변태 과정이 진행돼요.

마침내 껍질이 부서지고
다 자란 모기는 어른벌레의 모습으로
우아하고 조심스럽게 밖으로 나와요.
아직은 약하고 불안정한 상태지만
사람들이 꺼리는 어엿한 **모기**예요.
그런데 알고 있나요? 오로지 암컷 모기만
온혈 동물*의 피를 빨아 먹어요.
알을 낳기 위해서요.

★ **온혈동물** 포유류나 조류처럼 바깥 온도에 관계없이 항상 일정한 체온을 유지하는 동물.

개구리

연못이나 늪지대에서 젤리처럼 물컹거리는 거무스름한 알맹이를 찾아봐요.
끈끈하면서 흐늘거리는 덩어리가 물에 떠 있을 거예요.
그 안에는 암컷 개구리가 낳아 놓은 수천 개의 알이 들어 있어요.

끈기를 갖고 조금 기다려야 해요.
수컷 개구리가 지나가야 수정*이 일어나니까요.
이렇게 암컷의 몸 밖에서 일어나는
수정을 '체외 수정'이라고 해요.
수정이 일어나고 4일에서 8일 정도 지나면
거무스름한 부분에서 작은 꼬리가
나오는데 쉼표 모양처럼 생겼어요.
이것이 바로 **올챙이**예요.

올챙이는 10여 일이 지나면
쉴 새 없이 돌아다니기 시작해요
식욕이 왕성한 녀석들은 아주 작은 이빨로
식물의 줄기와 해초, 플랑크톤 등을 되는대로
갉아 먹어요. 당연히 녀석들은 눈에 띄게

살이 올라요. 꼭 통통하게 알이 여물어서
반짝거리는 황금빛 자두 같아요.

올챙이 꼬리는 차츰 자라서 노처럼 평평해져요.
이제 다른 물고기나 잠자리 애벌레의
그림자라도 보일라치면
재빨리 달아날 채비를 해요.
아직 마음을 놓아서는 안 돼요.
풀이나 갖가지 식물의 뿌리 뒤쪽,
곳곳에 위험이 도사리고 있기 때문이에요.

★ **수정** 암수의 생식 세포가 하나로 합쳐지는 과정, 또는 그런 현상.

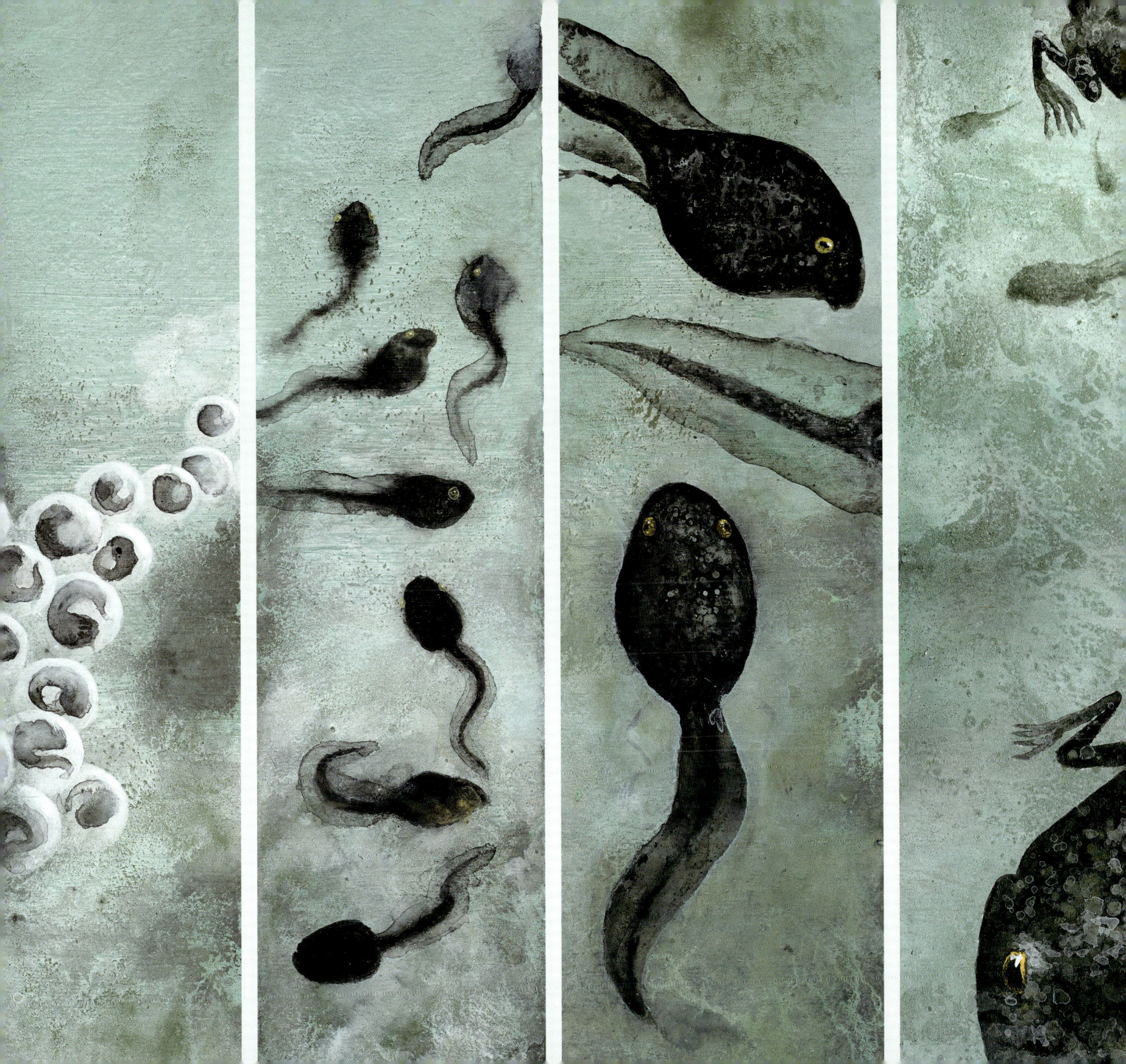

올챙이들은 온갖 곤충과 새들의 위협을 피해야
간신히 살아남을 수 있어요. 그렇게 5주가 흘러가요.
그러면 두 번째 변태가 완성되어, 뒷다리가 두 개
쑥 나오지요.

2주를 더 기다리면 이번에는 앞다리가 두 개 나와요.
이때부터 올챙이는 폐로 숨을 쉬기 시작해요.
시간이 더 지나면 작은 갑각류나
모기 애벌레 등을 잡아먹어요. 올챙이의 다리는
점점 튼튼해지는 반면 꼬리는 점점 짧아져요.
그러다가 곧 **개구리**답게 헤엄을 쳐요.

개구리가 되고 나서 며칠이 지나면
풀잎같이 얼룩덜룩한 초록색을 띠어요.
이런 현상을 '의태'라고 해요.
개구리의 두 눈이 커지고 금빛을 띠어요.
귀는 형태가 잘 보이지 않지만 소리를 아주
잘 들어요. 개구리의 길고 무시무시한 혀도
이때 발달해요.

★ **의태** 동물이 자기 몸을 보호하거나 먹이를 사냥하기 위해서 모양이나 색깔이 주위와 비슷하게 되는 현상.
말벌과 흡사한 나방, 나뭇가지와 비슷한 대벌레가 대표적인 예이다.

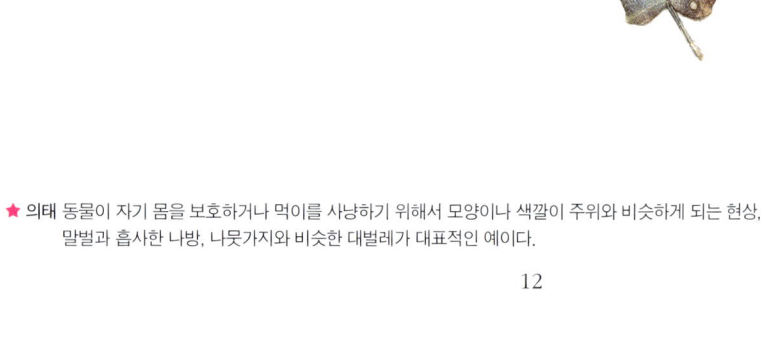

버섯

개구리가 폴짝폴짝 뛰어 물속으로 들어가자
녀석의 발이 딛고 지나간 자리가 심하게 흔들려요.

흙바닥 위로 조그만 크림 과자처럼
하얀 구슬이 낮게 깔렸어요.
주변은 향긋한 냄새로 가득 찼고요.
이제 막 버섯이 돋아나기 시작해요.
그런데 한 가지 알려 줄 게 있어요.
하얀 구슬처럼 생긴 이것은 사실,
버섯이 아니라 버섯의 한 부분을 이루는
홀씨체★라고 해요.

진짜 버섯은 땅속에 숨어 있어요.
땅속에서 아주 가늘고 희미한 수백만 개의
섬유로 된 그물 형태로 조용히 자라고 있지요.
이것을 **균사체**라고 불러요. 균사체는
수백 미터, 때론 수 킬로미터까지 뻗어 나가요.

날씨가 포근해져서 비가 촉촉이
풀밭을 적시고 태양이 땅을 덥히면
균사체는 적당한 때가 왔음을 느껴요.
그래서 수많은 홀씨체에게 무슨 수를 써서라도
흙을 뚫고 위로 올라가라고 명령해요.
이끼를 밀어내고, 나뭇잎을 뚫고
풀 사이로 고개를 내밀라고요.
다시 하얀 구슬들을 살펴봐요.

끈적거리면서도 질긴 홀씨체는
풀 사이로 뻗어 나가서
마침내 각각의 모자를 자랑스럽게 펼쳐요.

때가 되어 바람이 훈훈해지고
모든 게 준비되면 균사체는
또다시 명령을 내려요.
제대로 버섯 모양을 갖춘 홀씨체들은
동그랗게 줄지어서 아주 작은 홀씨들을
한 움큼씩 하늘로 날려 보내요.
해 질 녘 홀씨들이 날아가는 광경이
얼마나 신비로운지 말로는
다 표현할 수가 없어요.

★ **홀씨체** 홀로 싹 트는 생식 세포인 홀씨를 만들어 퍼트리는 식물체.

나비

버섯 갓 위에 하얀 송이가 하나, 둘, 셋
내려앉았어요. 함박눈이 내린 걸까요?

아니에요! 커다란 배나무 꽃잎들이
떨어진 거예요. 그런데 슥슥삭삭,
턱이 움직이고 이가 부딪치는 소리가 나요.
나뭇가지를 자르는 기계 소리일까요?
아니에요! 식욕이 왕성한 주황색 나비의
애벌레 친구들이 내는 소리예요.
이 나비의 징식 이름은 네발나비에요.

나비는 식물 줄기에 약 200개의 **알**을
낳아요. 지금 이 소리는 지칠 줄 모르는
먹보 애벌레들이 주변에 보이는 잎을
모조리 갉아 먹는 소리예요.

솜털로 덮인 나비 **애벌레**는
이 가지에서 저 가지로 옮겨 다니며
식물 줄기를 와그작와그작 씹어 먹어요.
털갈이를 몇 번 하고 5주 정도가 지나면
마치 솜털 덮인 마카로니처럼
통통하게 자라요. 그리고 먹는 걸 잊고 잠시 쉬어요.
그 후에 먹성 좋은 새나 말벌의 눈에 띄지 않도록
안전한 가지를 찾으러 가요.

적당한 자리를 찾으면 가늘고 고운
명주실로 단단한 줄을 짜서
거꾸로 매달려요. 이렇게
'번데기 단계'를 시작하는 거예요.
명주실로 감싸진 애벌레는 이리저리
몸을 흔들다가 갑자기 멈춰 더는 움직이지 않고
가만히 있어요. 그러면 껍질이 단단해지면서
나무색으로 변해 꼭 잔가지나 오그라든
나뭇잎처럼 보여요. 이때부터 녀석을
번데기라고 불러요.

이제부터 번데기는 꼼짝도 안 하고
깊은 잠에 빠져요.
보호막에 난 아주 작은 구멍으로 숨을 쉬고 있다는 걸
간신히 알아챌 정도예요. 하지만 보호막 안에서는
모든 게 들썩이고 변화가 활발하게
일어나고 있어요. 섬세하고 조심스럽지만
엄청나게 큰 변화가 말이에요.

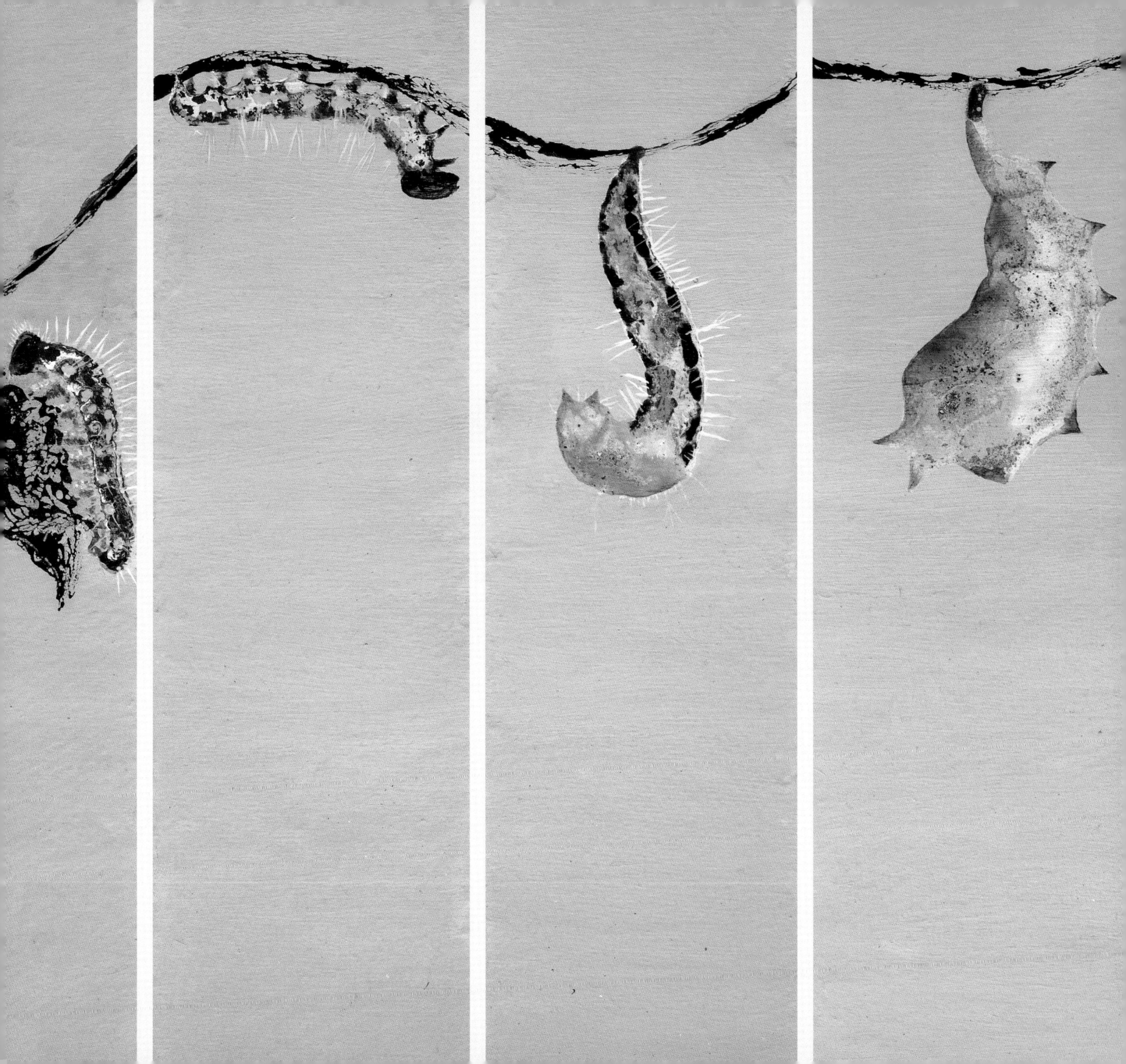

한 철은 온전히 기다려야 나비의 주황색 날개,
짙은 색 눈과 더듬이가 반투명한 번데기 껍질을
통해 비쳐요.

어느덧 작은 소리가 새어 나와요.
번데기 껍질이 찢어지는 소리에요.
네발나비는 긴 시간이 걸려 세상으로
나와요. 꼼꼼하고 정확한 단계를 밟아서요.
먼저 앞다리를 하나 내놓아요.
그런 다음에 조금 더 힘을 내 나머지
앞다리를 조심스럽게 내놓아요.
이때는 끈기를 가지고 껍질을
꼭 붙들었다가 당기고 놓기를 반복해요.
무엇보다 연하고 촉촉한 날개가 찢기지 않도록
신경 써요. 그리고 더듬이를 하나씩 꺼내요.
최대한 조심조심하면서요.

이제 나비는 번데기 껍질에 매달린 채 천천히
날개를 펼쳐요. 이 상태로 날개에 박혀 있는
예쁜 색의 수많은 비늘들이 햇볕에 마르고
단단해지기를 기다려요.

어느 정도 시간이 지나면
나비는 날개를 몇 번 파닥여 봐요.
아름다운 보석 같은 나비가
드디어 첫 비행을 떠나요!

배

구릿빛 네발나비였을까요?

아니면 북풍, 북동풍이었을까요?
아니면 호박색 꿀벌이나
검은색 뒤영벌이었을까요?
꽃가루를 옮긴 범인 말이에요.

분명 달콤한 걸 아주아주 좋아하는
나비나 벌들이 꿀을 정신없이 먹어 대느라
배나무 꽃잎의 **암술**에 꽃가루를 떨어뜨린 게
틀림없어요. 그 덕분에 수정이 되어 암술이
부풀고 커져요. 밤낮으로 자라지요.

달빛에 생기를 얻고 햇빛에 금빛으로 물들면서
차츰차츰 둥그런 **배** 모양을 갖추게 돼요.

통통하게 살이 오르고
달콤한 즙을 담은 열매는 보통
다섯 개 이상의 씨를 품고 있어요.
그 씨들이 자라서 배나무가 될 거예요.
혀끝에서 살살 녹는 꽃가루를
풍성하게 거두게 해 주겠지요.

사슴벌레

붕붕, 날갯짓 소리가 들려요.
이어서 쿵, 땅에 떨어지는 소리. 척척, 내딛는 발소리까지요.
사슴벌레가 당당하고 힘차게 앞으로 나아가고 있어요.
투구를 쓰고 갑옷을 입은 모습이 용감한 장군을 닮았네요.

위풍당당하게 턱을 휘두르는 모습을 보니
틀림없이 녀석은 수컷 사슴벌레예요.
몇 발자국 떨어진 곳에서는
암컷 사슴벌레가 땅에 떨어진 통통한 배에
척 달라붙어 즙을 빨아 먹고 있어요.
암컷은 수컷보다 몸집이 좀 더 작고
아래턱이 그리 위협적이지 않아요.

수컷이 더듬이를 이리저리 움직여요.
뭔가를 찾아냈나 봐요. 땅거미가 질 무렵,
비밀 모임이라도 여는 듯 사슴벌레들이
서로의 더듬이를 살며시 건드려요.
수컷이 암컷을 꼭 끌어안고는
한동안 움직이지 않아요.

얼마 뒤, 암컷은 나무 그루터기의 움푹한 곳에
알을 낳아요. 사슴벌레는 달처럼
창백한 빛깔의 **알**을 한 번에 두세 개만 낳는대요.

몇 주가 지나면 알에서 강낭콩 꼬투리처럼
구부러진 하얀 **애벌레**가 나와요.
머리가 불그스름한 애벌레는 눈은 없지만
턱이 아주 단단하고 먹성이 무척 좋아요.
주변의 나무 그루터기를 3년, 또는 4~5년 동안
줄기차게 갉아 먹고 자라요.
이렇게 긴 시간이 지나면 살이 통통하게 올라
어린아이 손가락만큼 굵어져요.

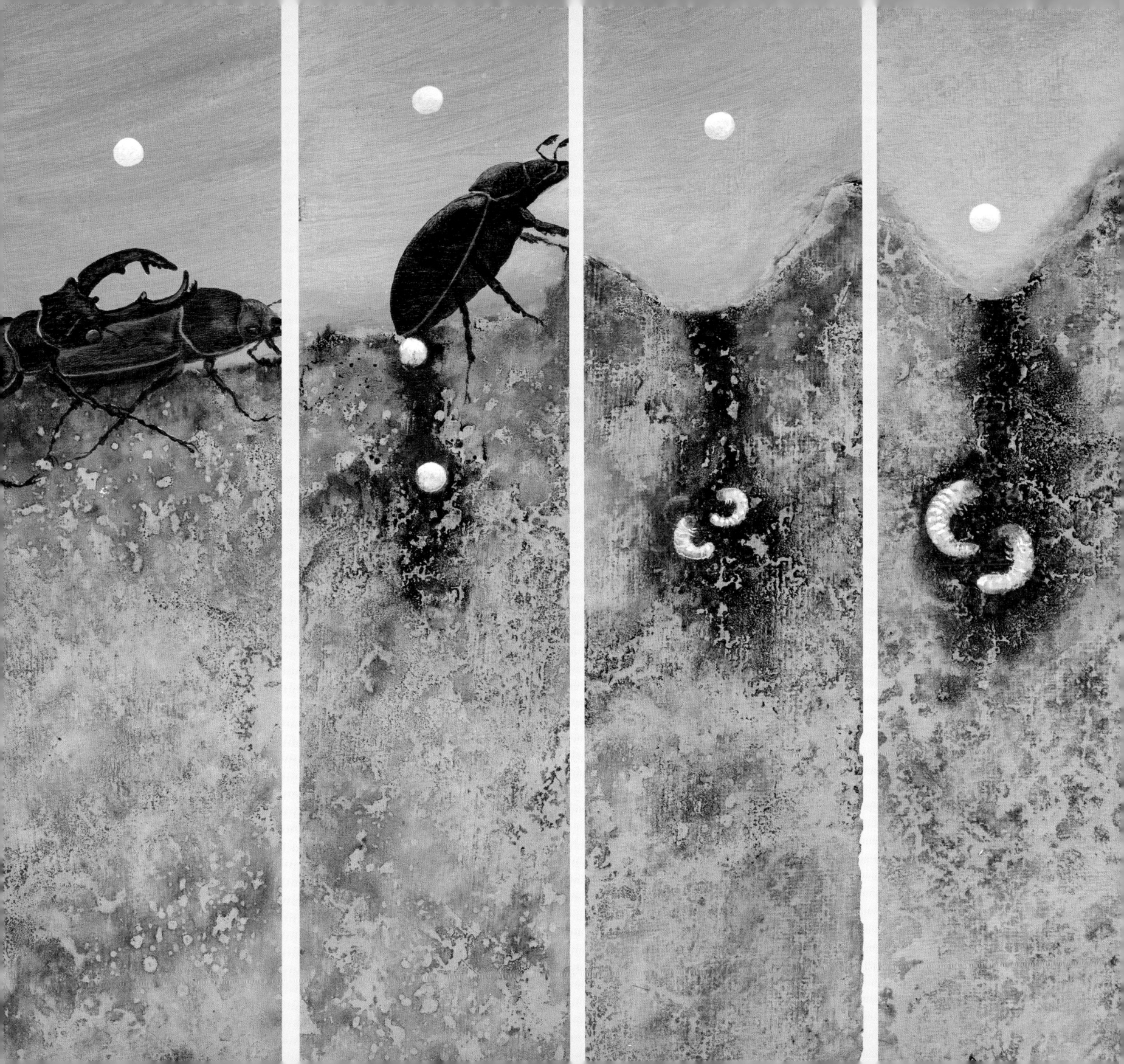

땅에 깊이 파고들 시간이 되었어요.
애벌레는 땅속에서 작은 조약돌과
나무 부스러기를 모아 튼튼한
번데기 방을 만들어요.
그 안에서 얼마간 땅속 생활을 하지요.

번데기가 된 녀석은
옛날부터 적이었던 말벌이
침투할 수 없는 안전하고 따뜻한 땅속,
번데기 방에서 다리를 접은 채 잠을 자요.
그 상태로 한참을 기다려요.
가을, 겨울, 봄…….

더디고 힘든 시간을 거치면서
연약하고 창백했던 번데기는
단단한 갑옷을 입은 **사슴벌레**로 탈바꿈해요.
그 다음에는 껍질을 깨고 땅 위로
올라오기만 하면 돼요.

초여름 더위가 시작될 무렵,
땅 위로 올라온 사슴벌레는
이슬 한 모금으로 목을 축이고는
여러 해 동안 컴컴한 땅속에서
참고 견딘 시간들을 보상받아요.
겨우 몇 달만 사는 사슴벌레에게
많은 양식은 필요 없어요.
물 조금과 땅에 떨어진 과일에서 얻는
즙 몇 방울만으로도 충분하지요.

튤립

**튤립 알뿌리 옆에 갈고리 모양으로 굽은 다리들이 보여요.
사슴벌레 두 마리가 결투라도 벌이는 걸까요?**

턱을 맞부딪고 등껍질을 딱딱 부딪치는
결투는 그만 잊어요. 맹렬한 결투 현장에서
조금 떨어져 나와 튤립을 향해
발끝으로 조용히 다가가요.
늦여름에 튤립 알뿌리는 잠을 자요.
꽃잎이나 뿌리 없이 알뿌리 혼자서
쉬고 있는 것이지요.

가을이 되어야 **알뿌리**를 땅에 묻을 수 있어요.
땅에 묻으면 10여 개의 새 뿌리가 나와요.
다시 초겨울 추위가 찾아오면
뿌리들은 자라기를 멈추고 또 잠이 들어요.
봄비가 내리고 따스한 봄 햇살이 비출 때
다시 자라지요. 알뿌리가 활동을 시작한 거예요.
땅속에서는 뿌리가 퍼져 나가고,
땅 위에는 줄기와 싹을 에워싼 꽃잎들이
옆으로 펼쳐지면서 위로 올라와요.

하지만 아직 며칠 더 참고 기다려야 해요.
알맞은 때가 되면 어느 아침,
멋진 **튤립 꽃**이 피어나요!

가까이 가서 꽃을 자세히 살펴봐요.
- 떼어다가 책갈피에 끼워 말릴 수 있는
  꽃잎 세 장과 꽃받침 세 조각.
- 초록색의 부드러운 암술 하나.
- 수술 여섯 대.

어려운 식물학 단어를 하나 가르쳐 줄게요.
튤립은 떡잎이 하나인 '외떡잎식물',
그중에서도 백합과에 속한대요.

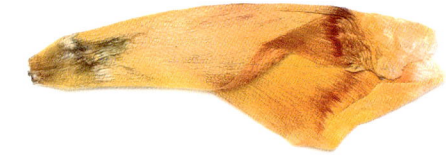

★ **알뿌리** 알 모양으로 되어 영양분을 저장하고 있는 식물의 뿌리. '구근' 이라고도 한다.

뒤영벌

튤립 꽃봉오리 속에서 누군가 바삐 움직여요.
붕붕, 이리저리 돌아다니면서 꽃잎을 톡톡 두드리고 있네요.
바로 금빛 줄무늬가 있는 뒤영벌이에요.

뒤영벌은 몸에 꽃가루를 매달고 다녀서
나는 게 힘들 때가 있어요. 그래서 가끔씩
수선화나 재스민, 다른 달콤한 꽃들의 꿀을
홀짝홀짝 마셔 가며 힘을 보충해야 해요.
일벌인 뒤영벌은 해가 뜨고 질 때까지
꿀을 모아 벌집으로 날라야 해요.

벌집은 안전한 땅속 통로에 있어요.
뒤영벌은 열심히 모아 온 금빛 꿀을
통통한 여왕벌과 다른 암벌들에게 넘겨줘요.
여왕벌은 봄을 맞아 얼마 전에 세 번째로 알을
열 개 더 낳았어요. 우리의 젊은 일벌은
여왕벌이 첫 번째로 낳은 알들 중에서 나왔지요.

여왕벌도 일벌과 마찬가지로 부지런해요.
밀랍 캡슐을 두 개나 만들었어요.
한 곳에는 **알**을 넣어 두고 다른 한 곳에는 꿀을
저장해 놓아요. 알을 넣어 둔 곳은 꽃가루로
덮어 입구를 막아 놓았어요.

4일 뒤면 알에서 **애벌레**가 나와요.
알에서 갓 나온 애벌레들은 몹시 배가 고파
꽃가루를 마구마구 먹어 치워요.
그 뒤로 8일 동안 계속 먹어 대서
몸이 통통해져요.
그러고 나면 포근한 고치를
만들 준비를 해요. 이 고치 안에 들어가
잔뜩 웅크린 채 꼼짝 않고 있다가 투명한
유령처럼 생긴 **번데기**로 탈바꿈해요.
10여 일이 지나면
아직은 약하고 축축하지만
어른벌레가 되어 나와요.

고치에서 갓 나와 몸이 축축한 **뒤영벌**은
유모 벌과 여왕벌의 날갯짓 덕에 물기를
말릴 수 있어요. 이렇게 며칠이 지나면
이 젊은 일벌은 선배 일벌처럼 밖으로
나가 꿀을 모아 오거나 벌집에 남아서
다음에 나올 알들을 돌봐요.

노란 줄무늬가 새겨진 검정 비단 옷을 입고
침으로 무장한 젊은 일벌들이 이제 꿀을
거둬들이러 첫 비행을 떠나요.

방울새

보라색 엉겅퀴 꽃에서 뒤영벌들이 꿀을 모으고 있어요.
그런데 깃털을 알록달록하게 치장한 새가 다가오고 있네요.

붉은 가면에 검은 모자를 쓰고 노란 날개를 뽐내는 멋쟁이 방울새가 엉겅퀴 사이에서 먹이를 구하고 있어요. 날씬하고 뾰족한 부리로 솜씨 좋게 씨껍질을 벗기고 잘게 부숴요.

수컷은 **알**을 네 개나 품고 있는 암컷을 먹여야 해서 더욱 열심히 먹이를 모아요. 알에는 푸르스름한 바탕에 작고 검은 반점들이 나 있어요. 암컷은 알을 낳은 뒤 13일 동안 둥지를 꼼짝 않고 지켜야 해요. 둥지는 단풍나무 꼭대기나 다른 동물들의 눈에 잘 띄지 않는 곳에 잔가지와 거미줄, 식물 섬유 등을 엮어서 만들어요. 어미 새는 이끼와 식물의 새순, 솜털을 가져다 둥지를 아주 보드랍고 따뜻하게 꾸며 놓아요.

수컷 방울새가 먹이를 모아서 둥지로 돌아와요. 수컷이 돌아오면 배고픈 암컷이 반갑게 맞아요. 날개를 흔들어 대며 부리를 쫙 벌리지요. 그러면 수컷은 위 속에서 잘 으깨진 먹이를 입으로 다시 올려 암컷에게 먹여요. 이렇게 13일의 '알 품기' 기간이 흘러가요.

갑자기 톡톡 소리가 나면 암컷 방울새는 먹는 것을 멈춰요. 암컷의 날개깃 아래에서 알들이 움직이다 이내 첫 번째 알껍데기가 깨져요. 솜털로 덮인 분홍빛 머리가 알에서 쏙 빠져나오지요. 아직 눈도 못 뜬 **어린 새**예요. 이어서 둘째, 셋째, 마침내 넷째도 머리를 내밀어요. 이제 배고픈 네 마리의 어린 새들이 목청껏 소리를 지르며 입을 벌려요.

이때부터 부모 새들은 다시 바빠져요. 이리저리 날아다니며 진딧물과 애벌레, 씨앗을 찾아 삼키고 소화시킨 다음, 둥지로 돌아와 입으로 다시 올려 새끼 새들의 부리에 골고루 넣어 주느라고요. 이렇게 8일쯤 지나면 드디어 어린 새들이 눈을 떠요. 솜털이 자라고 피부와 몇 안 되는 깃털도 회색빛을 띠게 돼요. 11일째에는 어린 새들의 눈이 동그랗게 더 커지고 생기를 띠어요. 날개 끝에도 깃털들이 자라나기 시작하고요. 이쯤 되면 네 마리의 먹보 새들에게 포근했던 둥지는 좁게 느껴져요.

15일이 지나면 어린 새들은 둥지를 떠나야 해요. 이제 밝은 갈색과 잿빛이 도는 어린 새들은 부모를 따라 단풍나무의 가지 사이사이로 옮겨 가요. 일주일 동안 어떻게 살아가야 하는지 배우고 나면 **어른 방울새**가 돼요. 세상에서 노래를 제일 잘하는 새라는 이름값도 하게 되지요.

단풍나무

어린 방울새들이 소란을 피우자 붉은 단풍나무의 시과가 떨어져요.
초록색과 검붉은 색이 어우러진 이 열매는
작은 날개가 달린 듯 헬리콥터처럼 빙글빙글 돌아가며 떨어져요.

이때부터 **시과**는 행운을 기다려요.
운 좋게 바람이 불어 부드러운 땅에
편안하게 내려앉으면 시과 속에 있는 씨,
수과가 변신할 준비를 해요.
수과 안쪽은 쿠션처럼 부드러운 부분으로
되어 있고, 그 속에 떡잎이 들어 있어요.

　떡잎 하나
＋ 떡잎 하나
―――――――
＝ **쌍떡잎**
(떡잎이 두 장 들어 있는 씨를 '쌍떡잎'이라고 해요.)

이제 **쌍떡잎**은 또다시 행운을 기다려요.
왜냐하면 비가 내려야 하거든요.
비가 너무 많이 와도 안 돼요.
따뜻한 햇볕도 필요하고요.
햇볕 역시 너무 강하면 안 돼요.

행운이 계속 시과의 편이라면
두 개의 떡잎 사이에서 작은 뿌리가 생겨나요.
어린뿌리는 땅속으로 들어가서 튼튼한 뿌리로
자라 잔뿌리들을 내리고 그사이 쌍떡잎은
하늘을 향해 위로 쭉 뻗어요.

이렇게 얼마 안 있으면
어린줄기가 수줍게 모습을 드러내고
그 끝에 첫 이파리 두 장이 나와요.
이 첫 잎들은 아주 연하고 약해요.

또다시 행운을 기다려요.
먹보 달팽이에게 먹히지 않으면
네 장의 잎이 나와요.
역시 엄청난 먹보인 민달팽이에게도
먹히지 않으면, 여섯 장의 잎이 나오지요.
이어서 잎 열두 장이 나와요.
이때부터 당당하게 어린 단풍나무라고
부를 수 있어요. 떠오르는 해님처럼
붉은 단풍나무 말이에요.

가을이 되면 그 해에 난 단풍나무 잎들이 떨어져요.
수많은 잎이 떨어지고 나서 또 봄이 오면
어린 방울새가 단풍나무에 앉아
첫 노래를 지저귈지도 몰라요.

★ 시과 열매의 껍질이 얇은 막 모양으로 쑥 비어져 나와 날개를 이루어 바람을 타고 멀리 날아 흩어지는 열매.
★ 수과 모양이 작고 익어도 터지지 않는 씨.

잉어

바람이 일면 연못이 물결쳐요.
바람이 잦아들면 연못도 잔잔해져요. 물 위로 모든 것이 비쳐 보여요.

붉은 단풍나무가 비치는 물 아래로
검은색 물감과 붉은색 물감을 풀어 놓은 듯한
비단잉어 한 마리가 헤엄치고 있어요.
때는 5월의 어느 이른 아침,
잉어들의 짧은 '산란기*'예요.

단풍나무가 비친 물 아래, 통통한 암컷 잉어에
이끌려 수컷 잉어 두 마리가 헤엄쳐 와요.
녀석들이 암컷의 배를 주둥이로 콕콕 쳐요.
얼마 후 엄청난 소용돌이가 일어요.
잉어들이 알을 낳는 시기거든요.
점심때가 되면 암컷 잉어가 수십만 개의 **알**을
낳아요. 끈적끈적하고 반투명한 진주처럼
생긴 알들은 물속 깊이 가라앉아 연못 바닥에서
자라는 해초나 붓꽃, 수련 줄기에 달라붙어요.

하지만 대부분 잉어 알은 주변 생물들의
먹이가 돼요. 어른 잉어를 비롯해
다른 물고기들이 삼키거나 잠자리의
애벌레, 무시무시한 물방개가 알을 갉아 먹어요.
단 몇 개의 알만 살아남고 그중에서
몇 개의 알만 수컷 잉어가 흩뿌려 놓은
정자와 만나 수정이 돼요.

그런 다음 하루나 이틀이 지나면 투명한 알에
검은색의 두 눈이 생겨요. 물의 온도에
따라 차이가 나지만 3일에서 7일 정도 지나면
알이 **어린 잉어**로 변해요.

여전히 해초에 꼭 붙어 있는 반투명한
어린 잉어들의 배는 볼록 튀어나와 있어요.
이 부분을 '난황 주머니*'라고 불러요.
어린 잉어는 며칠 동안 이 주머니 속의
영양분을 먹으면서 지내다 어느 정도 자라면
떼 지어 다니는 아주 작은 생물이나 물벼룩,
재빠른 모기 애벌레까지
스스로 잡아먹을 수 있게 돼요.

어린 잉어는 이제 몸길이가 5밀리미터 정도까지
자라요. 그러다 4개월이 지나면 5~7센티미터가
되고, 먹이도 동물보다 식물을 더 좋아하게 돼요.
수염을 이용해 연못 바닥을 파헤치며
해초나 풀, 연한 뿌리를 찾아 먹어요.
이렇게 잉어는 온순한 물고기가 돼요.
다 자란 **어른 잉어**의 몸길이는 50센티미터가 넘어요.
보통 18년에서 20년까지 사는데 70년까지 사는
아주 나이 많은 잉어도 있대요.

★ 산란기 알을 낳을 시기.
★ 난황 주머니 알을 갓 깨고 나온 물고기의 배에 달린 영양 주머니.

마침내 변태라는 놀라운 광경을 다 살펴보았어요.
지금까지 안내를 맡았던 저는 이제 인사를 하고 떠나요.
여러분 모두 안녕!

나는 곧
싹을 틔워
푸른 옷을 입고
위로 기어올라
꽃을 피운 다음
낟알을 떨어뜨리고
날아갈 거예요.
멀리
멀리
아주
멀리요…….

지은이 **프레데릭 클레망** Frèdèric Clèment

어린이를 위한 그림책 60여 권을 쓰고 그렸으며 그중 몇몇 책들로 국제적인 상을 여러 번 받았습니다.
저자의 글과 그림은 어른과 아이 모두의 사랑을 받고 있으며 1995년『챙챙 상점 Magasin zinzin : Pour f tes et anniversaires』으로
볼로냐 국제 아동도서전에서 상을 받았습니다.『우리는 두 번 태어나요』는 우리나라에 처음으로 소개되는 작품입니다.

옮긴이 **박선주**

1975년 서울에서 태어났으며 세종대학교 국어국문학과를 졸업하고 이화여자대학교 통번역대학원 한불번역과에서 공부했습니다.
오랫동안 출판사에서 근무하다 지금은 전문 번역가로 활동하고 있습니다. 그동안 옮긴 책으로는『나는 수학을 못해요!』,
『똑같은 양들은 찾기 어려워!』,『병에서 나온 형』,『생각이 켜진 집』,『다르지만 틀리지 않아』,『우리는 두 번 태어나요』등이 있습니다.

우리는 두 번 태어나요
11가지 동식물의 경이로운 변신 도감

펴낸날 | 초판 1쇄 2019년 3월 5일 · 개정판 1쇄 2023년 6월 23일
쓰고 그린이 | 프레데릭 클레망
옮긴이 | 박선주
펴낸이 | 정현문
편　집 | 조윤지, 박은솔
마케팅 | 임초록
디자인 | 안경희

펴낸곳 | 책과콩나무
출판등록 | 제 2020-000163호
주　소 | 서울시 영등포구 양평로 157, 1212호
전　화 | 02-3141-4772(마케팅), 02-6326-4772(편집)
팩　스 | 02-6326-4771
이메일 | booknbean@naver.com
블로그 | http://blog.naver.com/booknbean
인스타그램 | www.instagram.com/booknbean01

ISBN 979-11-92529-37-0 (77470)

* 이 도서의 국립중앙도서관 출판예정도서목록(CIP)은 서지정보유통지원시스템 홈페이지(http://seoji.nl.go.kr)와
　국가자료공동목록시스템(http://www.nl.go.kr/kolisnet)에서 이용하실 수 있습니다. (CIP제어번호 : CIP2018043008)

* 이 책은『은밀하고 위대한 변신도감』의 개정판입니다.
* 값은 뒤표지에 적혀 있습니다. 잘못 만든 책은 구입하신 서점에서 바꾸어 드립니다.
* 이 책 내용의 전부 또는 일부를 재사용하려면 반드시 저작권자와 책과콩나무 양측의 동의를 받아야 합니다.

・제품명 : 유아 도서　・제조자명 : 책과콩나무　・제조국명 : 대한민국　・전화번호 : 02-6326-4772
・주소 : 서울시 영등포구 양평로 157, 1212호　・제조년월 : 2023년 6월 23일　・사용연령 : 3세 이상
・주의사항 : 종이에 베이거나 긁히지 않도록 조심하세요. 책 모서리가 날카로우니 던지거나 떨어뜨리지 마세요.
・KC마크는 이 제품이 공통안전기준에 적합하였음을 의미합니다.